AF314445

CATALOGUE

AQUARELLES

TABLEAUX

ÉTUDES ET ESQUISSES

PAR

J. PILS

COMPOSANT LA COLLECTION DE M. B**

DONT LA VENTE AURA LIEU

HOTEL DROUOT, SALLE Nº 1

Le Samedi 25 Avril 1868

A 2 HEURES 1/2 PRÉCISES

EXPOSITIONS

Particulière, le Jeudi 23 Avril, de 1 à 5 heures.
Publique, le Vendredi 24 Avril, de 1 à 5 heures.

M. Charles PILLET
COMMISSAIRE-PRISEUR
10, rue Grange-Batelière.

M. DURAND-RUEL
EXPERT
1, rue de la Paix.

PARIS — 1868

CONDITIONS DE LA VENTE

Elle sera faite au comptant.

Les adjudicataires payeront cinq pour cent en sus des enchères, applicables aux frais.

---

*Le présent catalogue servira de carte d'entrée
à l'exposition particulière.*

Ce n'est point une de ces collections quasi
princières dont les chefs-d'œuvre, connus depuis
longtemps, ont leurs papiers, leur généalogie,
leurs titres de noblesse, & passent de galerie en
galerie, toujours plus disputés. On n'y voit pas
les peintres illustres de toutes les écoles & de tous
les pays. Elle est le résultat d'un goût particu-
lier, & un seul artiste y figure. Cet artiste est
J. Pils. N'admettant qu'un seul peintre, on pouvait moins bien choisir. M. B. a réuni avec le

temps, en suivant les occasions qui se présentaient, non pas de grands tableaux de son artiste préféré, cela n'eût pas été possible, mais une vingtaine de splendides aquarelles: il a joint à ces morceaux importants les études, les dessins, les croquis, les esquisses à l'huile que le peintre faisait pour se préparer à son travail. Pour les délicats, rien de plus intéressant, car il n'y a là que la nature & que la pensée. Point de remplissage, point d'arrangement, point d'artifice, rien que la vérité saisie au vol, au moment où elle se croit seule & ne prend même pas cette pose involontaire que donne à l'être le plus naïf la pression du regard. C'est dans ces traits rapides, décisifs, dont chaque coup porte, que se manifeste le plus vivement le génie original du peintre. Il dit là son secret, comme dans une conversation intime avec un ancien ami. Pils n'a pas toujours été un peintre militaire: il l'est devenu par le hasard des commandes, & cette nécessité pour un artiste de représenter les grands faits de son temps. Il avait, comme on a pu le voir à ses premiers tableaux, un fonds de talent sérieux, élégiaque même. On pouvait dire de lui qu'il avait *bu le lait de l'humaine tendresse*, & c'est là, chose étrange, & pourtant naturelle, ce qui a fait de lui un excellent peintre de batailles ou plutôt de la vie militaire. Il a compris le soldat tel qu'il est, stoïque, grave comme un homme prêt à donner la mort ou à la recevoir: non pas sans doute dénué de cet entrain héroïque qui est le caractère français, mais sans jactance, sans pose & sans forfanterie. En évitant une senti-mentalité ridicule, il a mis une âme là où il n'y avait souvent qu'un uniforme.

Cette curieuse collection contient des études

d'artilleurs manœuvrant leurs pièces, poussant leurs canons embourbés, courant à travers les fondrières & les ravins avec leurs caissons garnis de projectiles, de zouaves sonnant la charge avec le clairon ou le tambour, de chasseurs à pied, de spahis, d'Arabes, de soldats de toute arme, au repos ou en campagne : tout cela emporté à l'aquarelle avec une franchise & un bonheur de ton vraiment admirables.

Dans ces études peintes à l'huile pour le *Débarquement des troupes en Crimée*, & la *Bataille de l'Alma,* on voit des figures du type le plus énergique, du jet le plus fier, de la couleur la plus solide, égales, sinon supérieures, à celle des tableaux mêmes. Il y a, parmi ces chevaux, ces canons, ces tentes, tous ces engins de guerre, une superbe esquisse en grisaille de *Rouget de Lisle inventant la Marseillaise,* avec des variantes qui ne se trouvent pas dans le tableau définitif. Notons aussi une délicieuse tète d'*Enfant convalescent*, étude pour le tableau de la chapelle de l'hôpital Sainte-Eugénie, où l'on retrouve cette grâce tendre & souffreteuse que Pils excelle à rendre & qui fit tant remarquer la *Distribution de la soupe à la porte d'une caserne*.

En parcourant cette collection unique en son genre, on admire la quantité de renseignements dont s'entoure l'artiste consciencieux, & combien d'étude il faut pour acquérir cette liberté apparente d'exécution. Que de détails minutieux d'arme & d'équipement! que de variétés de types & d'uniformes se fondent dans le vaste ensemble d'une bataille! Personne n'a mieux représenté le soldat moderne que Pils, & en voyant ce croquis, pris sous tous les aspects & à tous les moments, on ne pourra pas dire qu'il les ait faits de *chic*, pour emprunter un terme à l'argot de l'atelier.

THÉOPHILE GAUTIER.

DÉSIGNATION

AQUARELLES

DESSINS, CROQUIS

1. — Exercice à feu à Vincennes ; à bras en avant.

N° 509 de l'Exposition universelle.

2. — Pièce attelée.

N° 510 de l'Exposition universelle.

3. — La Vivandière (Vincennes).

N° 511 de l'Exposition universelle

4. — Batterie d'artillerie passant un gué.

N° 2,490 du Salon de 1866.

5. — Jeunes Marchandes de poteries; Kabylie, fort Napoléon.

6. — Marche d'artillerie; effet d'orage.

7. — Campement d'Arabes aux portes d'Alger, la veille des courses.

8. — Le village Irill-Bou-Ammas de la tribu de Zouana (Kabylie).

9. — Un Spahis à cheval.

10. — Le Camp de Châlons; Zouaves.

11. — Réduction du sujet précédent.

12. — Forge de campagne au camp de Châlons.

13. — Guerrier persan.

Études d'armes et d'armures.

14. — Cuirassier et Grenadier de la garde à la grille du

Carrousel.

15. — Campement d'Arabes (Alger).

16. — Le Jardin des Tuileries.

17. — Batterie d'artillerie passant au gué.

Étude pour le n° 4.

18. — Groupe de Chasseurs à pied.

Croquis pour le *Débarquement des troupes en Crimée*, tableau actuellement au Palais-Royal.

19. — Cuirassier à cheva

20. — Cuirassiers de la garde à l'École militaire.

21. — La Bonne d'enfant et le Troupier aux Tuileries.

22. — Première pensée du Passage de l'Alma.

23. — Cuirassier de la garde à cheval.

24. — Lancier de l'impératrice à cheval.

25. — Repos d'artilleurs.

26. — Cheval blanc à l'écurie; l'heure de la botte.

27. — Le Drapeau du 2e régiment de Zouaves; camp de Saint-Maur.

28. — Le Maréchal ferrant; Chasseurs à cheval.

29. — Clairon de Chasseurs à pied de la garde.

Étude pour l'aquarelle appartenant à l'impératrice de Russie.

30. — Un autre clairon de Chasseurs de la garde.

Étude pour la même aquarelle.

31. — Peloton de cuirassiers à cheval.

32. — Clairon de Chasseurs.

33. — Zouave; tenue de campagne.

34. — Soldat du train à cheval, vu de dos.

35. — Artilleur sur un caisson.

36. — Artilleur au repos.

37. — Tête de cheval d'artillerie.

38. — Embuscade.

39. — Artilleur poussant une roue.

40. — Clairon de Zouaves, courant.

41. — Tambour de Zouaves.

42. — Clairon de Zouaves en marche.

43. — Vue générale d'Ischia ; 1841.

44. — Palais des Césars et Arc de Constantin à Rome ; 1843.

45. — Arc de Titus ; Rome, 1842.

TABLEAUX

ÉTUDES, ESQUISSES

46. — Bivouac de Zouaves.

47. — Bataille de l'Alma ; division Canrobert.

Esquisse.

48. — Bataille de l'Alma ; division du prince Napoléon.

Esquisse.

49. — Le Défilé dans la tranchée.

Esquisse.

50. — Le Rappel dans la tranchée.

51. — La Barricade de la barrière Pigalle.

52. — Trompette de Chasseurs à pied.

Étude pour le tableau : *la Distribution des aigles* (Salle du trône au Luxembourg).

53. — Clairon de Tirailleurs algériens.

54. — Débarquement des troupes en Crimée.

Premier projet du tableau actuellement au Palais-Royal.

55. — Rouget de l'Isle, chantant la Marseillaise.

> Première pensée du tableau actuellement au ministère de l'Intérieur.

56. — La Distribution des aigles.

> Esquisse; variante du tableau du Luxembourg.

57. — Trompette d'Artilleurs à cheval.

58. — Artilleur bridant son cheval.

59. — L'Enfant boudeur.

60. — Tête d'homme.

> Étude pour le tableau du Salon de 1850.

61. — L'enfant convalescent.

> Étude pour le tableau de la Chapelle de l'hôpital Sainte-Eugénie.

62. — Tête de Zouave.

63. — Tête de Chasseur à pied.

64. — Tête de Voltigeur du 14e de ligne.

> Étude pour le tableau : *la Distribution de la soupe;* ministère des Affaires étrangères.

65. — Tête de sergent des Voltigeurs du 14e de ligne.

> Étude pour le même tableau.

66. — Buste d'Artilleur ; vu de dos.

Étude pour le tableau du *Passage de l'Alma*, du Musée de
Versailles.

67. — Buste d'Artilleur.

Étude pour le même tableau.

68. — Buste de Zouave.

Étude pour le même tableau.

69. — Autre buste de Zouave.

Étude pour le même tableau.

70. — Tête d'Artilleur revenant de Crimée.

Étude pour le même tableau.

71. — Juif arabe accroupi.

72. — Tête d'Arabe.

73. — Autre tête d'Arabe.

74. — Moine de la Rédemption.

75. — Tête de cheval d'artillerie.

76. — Figure d'Ange.

Étude pour le tableau actuellement dans l'hôpital de Rouen.

77. — Figure de jeune Fille. saisie par le froid (4 déc. 1851).

78. — Autre figure de jeune Fille.

79. — Un Pifferare; Rome, 1841.

80. — Pâtre italien; Rome. 1843.

PARIS. — J. CLAYE. IMPRIMEUR, 7, RUE SAINT-BENOÎT. — |284|